LE JEU DE LA SOCIETE

FLORIAN PALERMINI

LE JEU DE LA SOCIETE

© Florian Palermini, 2025.

Edition : BoD · Books on Demand, 31 avenue Saint-Rémy, 57600 Forbach, bod@bod.fr

Impression : Libri Plureos GmbH, Friedensallee 273, 22763 Hamburg (Allemagne)

Impression à la demande
ISBN : 978-2-3225-7128-4
Dépôt légal : mars 2025

Pour Ludovic

SOMMAIRE

I. INTRODUCTION 9

II. DEVELOPPEMENT 23

   1. La naissance 25

   2. L'enfance 37

   3. La maturité 48

   4. Le travail 59

   5. La mort 71

III. CONCLUSION 83

I.

INTRODUCTION

INTRODUCTION

Afin de débuter dans les meilleures conditions l'incroyable voyage qui nous attend à l'intérieur du Jeu de la Société, laissez-moi avant tout vous le présenter à l'aide des cinq points qui suivent ce début d'introduction. Cela sera pour moi une manière de vous donner l'envie de goûter au bonheur que peut procurer le sentiment même de révélation. Tout comme il m'a été personnellement possible de profiter de ce soupçon d'enthousiasme, j'ose pouvoir vous promettre cet état que tout un chacun recherche. Non seulement à l'aide de vos propres expériences, mais également à l'aide de celles que vous pourriez partager avec celles et ceux qui comptent le plus pour vous.

Ainsi je puis m'assurer de vous mettre dans de parfaites conditions pour commencer votre lecture. Nous allons ensemble être au-devant d'une histoire qui pourrait bien devenir la vôtre. C'est dans cette posture que nous rencontrerons les diverses étapes d'un jeu qui n'aura bientôt plus aucuns secrets pour vous. Je l'appelle ainsi car tout le monde y participe, et il est régi par des règles, que nous allons voir plus loin. Si l'on pense pouvoir connaître notre avenir, sachez qu'il nous sera fort compliqué d'y attribuer une aussi grande confiance par la suite. Nous découvrirons des possibilités diverses qui donnent sens à nos vies depuis nos premiers instants. Le Jeu de la Société n'est qu'un emblème. Mais avant de devenir ce qu'il est aujourd'hui, chacun doit savoir ce qui le compose, le rend puissant, et lui a permis d'être aussi significatif en ce qui concerne nos vies dans ce monde. S'il eut un temps où le Jeu dominait le monde, il est à présent plus divers et plus sournois qu'il n'y paraît. Je vous laisse pour cela la possibilité de l'admirer dans ses plus profonds retranchements. Voyez par vous-même, et vous conclurez ce que vous pensez, vous, du Jeu de la Société.

INTRODUCTION

1. Les règles du jeu

« Comment » serait, il me semble, la première question que nous devrions nous poser lorsqu'une personne viendrait à nous parler d'un jeu que l'on ne connaissait pas. Après qu'elle ait annoncé le nom de ce jeu, on se fait ainsi directement son propre avis dessus. La première étape. La découverte intrigue toujours, du moins, suscite une émotion particulière, liée à chaque découverte. Que puisse bien être ? Ceci est un jeu. Et que cela vous paraisse aussi étrange que vous le souhaitiez. Du moins, à partir du moment où vous accordez encore une importance aux pressions de votre société, cela aura de cesse de vous étonner. Vous voici aux abords du Jeu de la Société. Certainement celui auquel vous n'aviez jamais eu ne serait-ce que l'impression d'y être confronté ; au mieux, ou au pire, d'y participer. Et ce jeu, comme tout autre, possède des règles. Ces règles vont vous être présentées, du moins, celles que vous pouvez connaître, car ce jeu a la particularité d'avoir des règles variables, modulables, interchangeables. Vous y êtes confronté chaque jour de votre vie, à chaque heure de la journée. Et si jamais vous décidiez de ne plus les suivre, alors vous seriez considéré par les autres participants comme un tricheur. Peut-être est-ce la vérité ? Vous trouverez sans doute les réponses que vous voulez au cours de la partie. Tâchez pour l'instant de garder votre calme, et de simplement apprécier cette nouvelle découverte, cette découverte tout court.

Vous n'avez pas besoin de pion. Vous serez votre propre pion, votre joueur. Serez-vous chanceux ? Ce sera sans doute à vous d'en décider. Le Jeu vous donne la possibilité de créer votre propre chance. Vous et vous seul connaissez votre personne mieux que quiconque. Surtout, prenez votre temps. Celui-ci est très précieux et vous sera de la plus grande importance afin de jouer au mieux. Cependant, il existe quelques surprises, encore une fois caractéristiques du Jeu. Si vous ne suivez pas votre instinct, le Jeu pourrait vous rendre vulnérable. Non sans violence, car dans le Jeu de la Société, c'est la Société qui joue contre vous. Vous pourrez tenter de jouer avec elle, de la briser. Cependant, elle restera toujours votre seul et unique adversaire. Alors pensez à vous protéger. Si vous ne voulez plus jouer, vous déclarez automatiquement forfait. Vous perdez. Mais si vous perdez, vous ne mourrez pas, car la Société vous laisse toujours plusieurs chances. Elle peut vous aider. Ce jeu n'a pour seul fin que votre mort immédiate. Ainsi le vainqueur sera désigné par le Jeu lui-même. Préparez-vous car il a déjà commencé. Il suffit de prendre conscience de qui vous êtes. Vous ne pourrez gagner qu'en comprenant votre adversaire, c'est-à-dire la Société. Pourquoi est-elle votre adversaire, pourquoi a-t-elle besoin de vous, qui est-elle, et comment arriver à la dépasser ?

2. Qui participe au jeu

Vous êtes seul à y participer. Alors comment cela se fait-il que vous puissiez y jouer ? Votre esprit joue. Vous ne vous en rendez pas compte. Jamais. Cependant à chaque fois qu'une personne lit ce livre, ce jeu, elle est tentée de comprendre. Seul contre la Société ? Je n'ai cependant jamais dit qu'elle était votre ennemie. Vous êtes vous-même la Société pour les autres, en êtes-vous ainsi l'ennemi ? Seul votre impression face à l'autre, aux autres, compte. Pour réussir, écoutez-les. Comprenez-les, ou bien tentez de les comprendre. Ne soyez pas méprisant. Ils sont comme vous, vous êtes comme eux. Vous n'avez cependant pas la même histoire. Se confronter à la Société, s'infliger des violences en s'imprégnant de l'autre vous grandi. Vous pouvez être l'ami de l'autre. Vous ne serez jamais l'ami de la Société. Vous vivez simplement avec, et cela est bien normal. Tant de personnes sont présentes sans même se regarder. Il y a un mot que j'ai employé. Peut-être par inadvertance, le mot réussir. Dans ce jeu, certains gagnent, d'autres perdent. Cela est-il un hasard ? Jamais. N'importe quel jeu organise des choix. Vous prenez les choix, vous choisissez. Peu importe que vous connaissiez ou non l'issue de ce choix, vous l'avez pris. Alors vous utilisez le hasard afin de créer votre propre chance. Voilà le Jeu de la Société. Cependant, en plus d'être un jeu, il est la réalité. Votre propre réalité. Tout n'est pas réel. Mais il y a des choses que vous voyez, d'autres pas. Des choses que vous voulez voir, d'autres pas. Ainsi la seule réalité que vous percevrez sera non pas celle que vous voyez, mais celle que vous souhaiterez voir. Si vous voulez agrandir votre jeu, le seul moyen sera de prendre tout ce que vous pouvez voir, et de le mettre dans votre réalité. Que cela soit dans votre champ de vision ou bien dans votre esprit, votre imagination, vous pourrez le voir. Alors regardez-le. Si vous voulez percevoir plus que ce que l'autre ne veut, alors vous serez forcément avantagé. Ainsi vous vous demandez comment faire pour gagner la Société ? Ne vous laissez jamais impressionner par les autres, mais donnez votre confiance à ceux qui comptent le plus dans votre cœur.

3. Pourquoi la métaphore du jeu

Il est en effet surprenant d'entendre le nom de « jeu » lorsque l'on sait que ce dont on vous parle se trouve être votre réalité. Mais l'avez-vous bien entendu ? Ceci est et sera votre unique réalité. Elle vous appartient et vous appartiendra toujours. C'est en effet vous-même qui choisirez, et c'est en cela que l'on compare votre vie à un jeu. Cependant, cette partie sera votre seule et unique partie. On ne joue qu'une seule fois au Jeu de la Société, comme l'on ne vit qu'une seule fois. Il ne vous sera jamais demandé de prendre des décisions à contrecœur. Votre jeu sera votre vie. Et tout le monde sait que l'on ne joue pas avec sa vie. Alors il ne faut pas oublier d'en garder le contrôle permanent. Il est facile pour les autres de jouer avec vos doutes, vos hésitations, et sans aucun doute vos faiblesses. Cela ne veut pas dire qu'elles ne doivent pas apparaître. Mais simplement toujours garder la vigilance. Puisque réussir dans le Jeu de la Société n'est pas forcément y réussir pour toujours. Évident me dites-vous ? Pas si évident que cela pourtant. Le Jeu se joue de vous, et cela vous ne devez jamais l'oublier. Comme vous le savez, dans une métaphore, on prend un modèle. Mais qui vous dit que ce modèle n'est pas faux, ou perverti ? On ne sait tout simplement pas. Là l'objectif n'est pas de pervertir votre vie, mais de ne pas oublier que trop jouer avec elle pourrait lui infliger les défauts du jeu lui-même. On ne vous demandera jamais de renoncer. Pourquoi ? Parce que cela vous ferait tout simplement perdre. Perdre ? Oui, vous perdriez, mais à quel prix ? Choisir, ce n'est pas toujours se confronter à son présent, mais également prévenir ou protéger son avenir. Comme je vous l'ai dit, on ne termine le Jeu qu'en mourant. Mais à quel prix ? Un jeu de manière générale se commercialise, on paie le prix du jeu pour pouvoir y jouer. Cependant, vous pouvez également composer votre propre jeu, afin de le commercialiser vous-même, et de pouvoir y jouer sans jamais en payer le prix.

4. Ce que l'on apprend du jeu

Tout ce que vous pourrez apprendre de ce jeu se trouve dans le Jeu lui-même. Personne n'apprend la même chose. On retrouve bien évidemment tous des ressemblances entre nos parties. Mais qui pourrait dire qu'il a trouvé LA REPONSE que tout le monde recherche ? Ce qui est étrange, ce n'est pas tellement la réponse, mais bien de savoir quelle était la question. Vous pourriez me dire « ce que l'on apprend du jeu » sans hésiter. Mais en êtes-vous sûr ? Le Jeu ne vous apprend que ce que vous voulez savoir. Il ne vous dit à aucun moment comment faire. Avez-vous une question ? Le Jeu connaît la réponse. Vous me diriez : qui est le Jeu ? Cette question est étrange puisque nous le savons pertinemment vous et moi. Le piège serait alors de poser la question là où elle n'a pas lieu d'être. Vous trouvez ? C'est bien évidemment de la Société dont je parle. On sait vous et moi que la Société est votre seul et unique adversaire. Demanderiez-vous à la Société qui est le Jeu ?

Comment gagner ? Si seulement elle le savait, vous auriez déjà perdu. Cependant, le fait est que la Société ne gagne jamais toute seule. La seule et unique façon pour elle de gagner est que vous perdiez. Car la Société n'attaque jamais quelqu'un, mais se défend très bien. Vous voulez savoir ce que le Jeu a à vous apprendre ? Voici de toute manière à quoi vous êtes confronté de par votre existence. Mais le seul moyen d'avoir des réponses est bien évidemment de dépasser le Jeu.

5. Le moment fatidique

Ce moment se révèlera peut-être à vous au cours de votre partie. Sachez cependant une chose. Il ne se révèlera peut-être jamais. Nous voulons toujours savoir le plus vite possible, avant les autres, ou simplement en avant-première. Mais il y a une confrontation qui restera pour la plupart un mystère. Car seuls peuvent la voir ceux qui en décident. Je peux en avoir envie, j'irai même jusqu'à dire que je peux le vouloir, cependant tout vient d'une décision. Alors pourquoi certains ne se décideront jamais ? Ceci n'est pas péjoratif, c'est un fait, avéré ou non, qu'il faut connaître. Une décision n'est jamais facile. Elle

INTRODUCTION

bouscule le monde, le vôtre, la réalité aussi, et puis la vôtre. Cependant, certains voudront décider, d'autres voudront suivre, car décider de suivre n'est qu'une rechute accidentelle. On ne peut pas décider sans en connaître les conséquences. Cependant, nous ne connaitrons peut-être jamais les conséquences de décider. S'il ne faut jamais oublier un choix, c'est parce que là se trouve la plus grande difficulté. Non pas de l'oublier, mais de s'y confronter, encore et encore, chaque jour de notre vie. Ne pas y penser volontairement ou involontairement est la chose la plus simple et la plus triviale que l'on puisse faire. Produire un oubli pour ne pas affronter, ou bien avoir peur. Qui connaît l'amour sait que la haine provient avant tout d'une peur. Vivre sans peurs, c'est obligatoirement vivre dans l'amour. Un jeu ne peut être amour me diriez-vous ? Je vous répondrai que c'est exactement ce que je viens de vous expliquer. Il n'y a rien d'abstrait là-dedans. Subtile peut-être. Mais si l'on souhaite réussir, vivre dans l'amour, il n'y a qu'une seule réponse à donner. Celle qui ne possède pas de question. Votre décision.

II.

DEVELOPPEMENT

DEVELOPPEMENT

1. La naissance

A. ECOUTER

La naissance se trouve être le commencement de notre propre existence, mais c'est également le commencement de la partie. Nous devenons des joueurs, sans même le vouloir. C'est un peu comme si nous nous soumettions à certaines personnes, chargées de nous éduquer, de nous cultiver selon une certaine culture environnante et dont nous ne pouvons décider par nous-même. Cela reste la base de tout humain. Et puis à notre culture vient s'ajouter quelques traditions, quelques croyances, celles même qui pourraient nous suivre tout au long de notre périple, notre voyage, notre vie sur Terre en tant qu'humain. Nous sommes obligés de passer par là, pour exister de plus belle plus tard ; devenir ce que l'on souhaite passe toujours par la découverte de ce que l'on ne connait pas. Nous gardons notre joie de vivre, espérons-le en tout cas à partir du moment où nous sortons de notre lieu de fabrication. Sommes-nous tous unis ? Tous dans le même objectif, continuer notre devenir afin de passer les étapes une par une. Ceci est pourtant commun à chaque être vivant. Naître, ou notre commencement. Oui, il nous appartient. Nous le décidons en partie. Cela est inconscient. Notre conscience se développe au fur et à mesure de notre éducation. Pour l'instant, nous gardons le sourire, nous pleurons, ou parfois restons calme, nous apprenons inconsciemment à nous adapter. Que faire ? Comment réagir ? Si le Jeu nous est inconnu pour le moment, il ne tardera pas à faire face. Car la Société, elle, est toujours présente. Et elle se défend sans rien dire. Vous venez de naître, et cela produit un adversaire en plus, un moyen de compromettre la Société. Voilà comment elle est perçue. Si jamais quelqu'un venait à lui faire face, il n'aurait sans doute plus aucun espoir de réussite, ne

DEVELOPPEMENT

pensez-vous pas ? Cependant l'enfant qui vient de naître est seul. Il apprend seul, pour le moment. Tous ces gens autour de lui, ou au moins cette personne, lui donnent sans doute cette impression d'être, pour la première fois. Le regard, parfois l'ouïe et tous ses autres sens le bousculent. Il est là, il peut sentir. Cette société, à première vue, ne peut pas faire défaut. Elle est équitable, elle le protège, lui tourne autour. Mais qui oublie ses défauts ? Pourquoi poser cette question ? Car personne ne se souvient de sa naissance. Cependant notre esprit lui n'oublie rien, jamais. Comme un retour à notre réalité, et ce dont on ne peut voir. Le cerveau fait lui-même partie du Jeu, car il fait partie de vous, n'est-ce pas ? Tout ce qui peut faire obstacle à la Société est combattu par elle, et ce dès le départ. Alors il ne faut jamais la sous-estimer. Un manquement à cette règle et vous voilà perdu dans ce que tout le monde connait, la solitude. Vous devenez, au moment de la naissance, le joueur le plus vulnérable. Serez-vous donc vénéré ? Il ne faut pas croire la beauté, mais croire votre instinct. Oui, lui aussi peut se tromper. Cependant lui ne possède aucuns regrets. Et cet avantage vous sera d'une incroyable utilité, croyez-moi donc. Après la vulnérabilité, se crée un climat de stabilité. Nous pouvons alors réellement commencer à nous adapter, nous approprier notre monde. Tout ce qui fait de lui un monde réel fera de vous des êtres sensibles et croyants. Nous pouvons croire en la réalité de ses formes puisque nos sens nous le disent, nous le transmettent. Voilà ce qu'il y a de plus vrai. J'ai bien dit de « plus » vrai. La vérité elle-même ne peut nous être connue. Mais du moins si nous faisions confiance à notre nature, nous aurions plus de chance de ne pas perdre notre instinct en route. La naissance nous fait garder la tête éveillée. Et parce que nous donnons sans doute beaucoup plus qu'après, voilà tout ce que nous pouvons avoir de plus vrai. Cette étape est elle-même fatidique à notre existence. Mais si nous sommes là, c'est qu'autre chose nous attend. Savoir quoi, ce n'est pas réussir, s'attendre, non plus, mais s'y préparer en gardant tous nos sens éveillés sera certainement la meilleure de toutes les solutions. Dans notre vie, chaque étape est importante. Notre objectif est de comprendre cette importance et de prendre en elle toujours ce qu'il y a de plus vrai.

DEVELOPPEMENT

B. COMPRENDRE

Même si cette étape paraît la plus simple des cinq, il y a cependant une large différence avec les autres. En effet, la naissance vous demandera, et ce sans votre approbation, de donner toute votre confiance envers ceux qui vous entourent. Tout comme à la naissance d'un animal quelconque, vous demanderez de toute façon une aide, la plus précieuse que vous pourrez avoir, envers ceux qui sont là pour vous. Votre conscience ne s'identifie pas encore très bien, ce sont vos parties primitives qui parlent. Le Jeu présente l'humain en son centre. Ceci donc dit, tout ce qui a attrait avec l'humain fait partie intégrante du Jeu. Ce n'est pas un jeu de conscience, ni un jeu d'esprit, c'est un jeu vital qui vous donne tous pouvoirs. Il n'y a pas de carte à suivre, comme vous l'aviez imaginé, car chaque personne trace son propre chemin. Et les chemins se croisent, voilà tout. On pourrait un peu comparer cela à une carte du monde virtuelle. Vous êtes présent, et vos amis et connaissances aussi. A chaque fois que vous rencontrez une personne, vos chemins vous relient. Il y a cependant une chose que la carte ne dit pas, c'est ce qu'il se passe dans votre tête.

Cela, aucune virtualité ne peut l'identifier. Lorsque vous naissez, votre esprit commence à peine à se forger. Pour ainsi dire, vos bases seront vos premiers instants. Une maladresse à ce moment peut créer une catastrophe sans même que la Société ne vous ait provoqué. Cependant les combats des autres retentissent en vous. Et vous vous en imprégnez. C'est pourquoi la Société est sans doute la plus importante durant cette période. Être bien signifie et permet une plus belle façon d'arriver à la dernière étape. Vous voici dans un jeu à répercussions. Chaque étape deviendra pour vous une base sur laquelle vous appuyer pour passer la suivante, qui deviendra elle aussi une base. Votre naissance est terminée, cependant elle vous a été indispensable pour former la personne que vous êtes aujourd'hui, et principalement celle que vous avez été durant votre enfance. Vous l'aviez compris, l'étape sans doute la plus importante, celle du travail, nécessitera forcément, si vous voulez vous épanouir, d'avoir passé avec succès votre maturité, celle qui sera à jamais votre base fondamentale. En plus d'être centrale, elle repose elle-même sur ses précédentes étapes. Depuis la naissance, vous vous forgez votre caractère, vous prenez des décisions, qui deviendront vos choix. Cela a un lien avec votre naissance. Voici l'étape fondamentale. Si vous voulez que vos descendants s'épanouissent, donnez-leur la naissance qu'ils méritent. Une réaction en chaine ? Mais ne sommes-nous pas enchaînés dans le Jeu ? Nous ne nous enchaînons pas tout seul. Cependant, nous pouvons réussir seul à nous libérer. Nous pouvons nous aider des précédentes bases. A chaque étape nous avons le choix. Les plus importants et significatifs sont les choix présents. Même si cela paraît simple, voilà la chose la plus difficile, mais la plus emblématique de notre existence. Car le présent n'a jamais aussi bien résumé sa fonction. Si vous voulez gagner, alors ne vous fiez pas à ceux qui vous disent et se disent libres, cependant regardez comment ils opèrent. Sont-ils réellement libres ? Nous pouvons tous savoir si quelqu'un se sent bien dans sa peau. Il suffit de le comprendre. Nous devons utiliser l'empathie. Certaines personnes y sont confrontées à chaque instant. Ces personnes hypersensibles sont les mieux placées pour savoir où se tourner afin de s'épanouir le plus possible. Si vous ne connaissez que très peu ce terme d'empathie, alors écoutez-vous. Dans ce cas, qui êtes-vous vraiment ? Enlevez toutes contraintes économiques et sociales. A présent, voyez les autres avec cette même approche, dans leurs discours. De qui parlent-ils ? Savez-vous qu'une personne qui va très bien ne répond jamais « oui » lorsqu'on lui demande si ça va ? On suppose beaucoup de choses. On forme une colonie de préjugés et d'habitudes qui sont là dans l'objectif de nous « protéger ». Cependant vous qui êtes-vous ? Je veux dire par là pas pour la Société, ni dans la Société, dans le monde et dans votre monde ? Car au-delà même de ce que l'on pense, tout a à voir avec notre passé, mais on ne l'utilise pas à bon escient. Au lieu de voir ce que nous sommes, nous voyons ce que la Société nous renvoie. Mais savez-vous que vous faites toujours partie de la Société ? Vous vous renvoyez à vous-même ce que vous envoyez à la Société. En étant ce que nous sommes, nous ouvrons la porte de notre monde à la Société. Et que peut-elle nous renvoyer à son tour ? Ce que vous êtes réellement. Voilà le fardeau de notre naissance. Puisque la Société vous a aidée, vous voulez l'aider à votre tour. Cependant, au lieu de lui envoyer ce que vous êtes devenu, vous lui renvoyez le miroir qu'elle vous donne à chaque étape de votre vie.

DEVELOPPEMENT

C. PHILOSOPHER

Comment se questionner sur un sujet aussi anodin que la naissance ? Il n'y a rien de compliqué dans le fait de se demander si notre naissance a réellement joué un rôle clé dans notre propre existence. Il suffit simplement de changer le point de vue. La naissance n'est pas uniquement le passage de notre être dans ce monde si grand et si mystérieux qu'est le monde terrestre que nous connaissons tous, pas vrai ? Mais que connaissons-nous vraiment ? Nous avons pris l'habitude de croire que plus les choses nous entourent, plus nous avons d'informations sur elles. Cela est faux. Et s'il y a bien une personne que nous ne connaitrons jamais vraiment, c'est bien nous-même. Donc. Reprenons le sujet qu'est notre naissance. Et si nous voyions la naissance comme une entrée, et non un début ? Nous devons entrer sur la scène du monde. Comment réagir ? Que faire qui puisse convenir ? Mais pourquoi toutes ces questions au fond ? Nous faisons ce que nous voulons lorsque nous naissons, il n'y a aucune pressions, pensez-vous ? Ce qu'il y a de plus inconscient est toujours ce qu'il y a de plus fort. Eh bien voyez ce que nous sommes. Des êtres programmés. Rien de ce que nous faisons ne peut être régi par la pure interprétation de nous-même. Cependant vous devez quand même vous présenter. Alors, que faire ? Nous pouvons décider de retourner en coulisse sur-le-champ, ou bien de parler sans peur, ou encore de nous jeter dans la foule. Penser comme cela rend la naissance beaucoup plus importante qu'elle n'y paraît. Repartir en coulisses traduit l'inhibition, parler, le premier courage, et se jeter dans la foule, une certaine folie. La puissance de la naissance est qu'elle prédétermine une réaction future. Le danger serait alors de laisser cette prédétermination prendre le dessus sur les évolutions quotidiennes. Pour cela, il faut obligatoirement tenter de subir une nouvelle « naissance », celle qui mettra à nu votre personne, sans pour autant que vous ayez le besoin de vous cacher. Il y a en cela une certaine magie. Un effet tellement puissant qui nous rend totalement dépendant, dans une certaine mesure, d'une base centrale. Il faut comprendre que le monde tentera sans équivoque de juger vos moindre faits et gestes. Il y a en cela une certaine méfiance. Cependant, essayez de laisser la Société se trahir elle-même. Car après tout, la Société, ce n'est que vous et les autres, n'est-ce pas ? Le jugement est une chose naturelle, et instinctive. Si vous, vous jugez les autres, voire inconsciemment, pourquoi ne devraient-ils pas pouvoir vous juger vous ? Tout le monde fait ça. Le comprendre et l'accepter, voilà tout. Il y a tant de choses miraculeuses qui arrivent. Ne les laissez pas vous marcher dessus. Par moment, il suffit simplement de suivre un fil déjà tracé. Puis, ensuite, lorsque vous avez appris, créer son propre fil, qui pourra ainsi profiter à d'autres. Que me dites-vous, vous aidez la Société ? Bien sûr que non, vous aidez les autres, je n'ai jamais dit tous les autres, et cela reste sans doute une des choses les plus importantes. Vous ne pourrez jamais aider tout le monde, et cela est inévitable. Certains ne pourront jamais se faire à vos idées, vos joies, vos plaisirs, vos douleurs, vos intérêts, votre curiosité. Le monde a peur, sachez-le. Sinon, pourquoi certains ne nous aimeraient-ils pas ? Avant vous étiez amis, et maintenant ennemis, pour une dispute ? Mais retenez ceci, chacun de nous a peur de l'autre, que pourrait-il faire, comment va-t-il réagir ? La Société est elle-même une communauté de la peur. Celle qui nous rassemble tous. Car tout le monde a peur, et cela, personne ne pourra nous l'enlever. Nous sommes faits ainsi. Et qu'en dit le bébé qui vient de naître ? A-t-il peur ? A-t-il le vertige, le trac ? Peut-être est-ce ce qu'il le rend humain ? Ce qui le rend vivant, le protège ? La seule et unique fin de la vie, c'est bien de ne pas mourir. Vivre, vivre, et encore vivre, à n'en pas s'arrêter. Le souci du bébé, de l'enfant, de l'adulte, c'est de savoir s'il ne va pas mourir aujourd'hui. Ou plutôt, quand va-t-il mourir ? Mais pourquoi ? Pour qu'il se prépare à la mort ? Ce qu'il y a de paradoxal c'est que nous avons pris l'habitude de nier la fin, sans jamais compter ce qui nous y amène. Mais dites-moi, ne serait-ce pas ça, la vie ? Ce qu'il y a entre la naissance et la mort ? L'objectif est de profiter de ce laps de temps. De l'utiliser. Et vous savez pour qui ? Pour vous-même. Rien n'est plus important que l'individu. Car sans individus, il n'y aurait pas de monde, mais un troupeau.

DEVELOPPEMENT

2. L'enfance

A. ECOUTER

Après la naissance vient la seconde étape, celle de l'enfance. Nous allons alors nous retrouver au cœur même du système sociétal. L'éducation sera un moyen pour la Société, au-delà du fait qu'elle nous instruit, et ce, toujours dans une culture particulière, de former des pensées selon son propre modèle. En effet, la normalisation des pensées aura comme conséquence de développer dans chaque esprit une éthique particulière, se rapprochant au plus près de la morale et de la norme bien-pensée par la Société elle-même. Cependant, si nous sommes nous-même la

Société, cela ne devrait-il donc pas être une morale que nous partageons tous ? Ou serait-ce alors une morale que chacun accepte, et quelque fois défend ? A vrai dire, tout vient de la culture. Car celle-ci est nationale. La culture induit une certaine norme. Et se détourner de la norme, c'est donc aller à l'encontre de la Société elle-même. Là, nous attaquons. Par conséquent, une défense arrivera très vite de la part des autres. Car ce que je vois dans l'éducation, ce n'est qu'un semblant de normalité. Chaque individu accepte, mais personne ne combat. Serait-ce donc un combat difficile, voire impossible ? Là n'est pas vraiment le cœur du problème. Car ce cœur est le fait que nous ne combattrions que nous-même. N'oubliez pas, nous sommes dans la période infantile, d'éducation. Comment combattre quelque chose alors que nous ne sommes même pas sûr d'être dans le juste, d'avoir le maximum d'informations ? Et c'est bien ce que nous donne l'école, des informations. Reste à savoir ce que valent chacune de ces informations. Lorsque nous étudions, nous grandissons. Et ce que demande sans cesse notre Société, c'est de grandir, elle aussi. L'évolution demande du temps, et la Société le sait bien. Cependant qui parle d'évolution vise

DEVELOPPEMENT

l'épanouissement, l'apogée de notre vie, le voilà le centre de gravité de nos êtres. Et si nous ne trouvons pas cette apogée, nos corps risquent de se percuter à jamais. Ce que l'enfance nous apprend, notre esprit essaie de le comprendre. Lui-même fourni en logique, il lui est plutôt compliqué de la dépasser. Mais notre corps, lui, que l'on ne fait que sous-estimer, nous permet la vitalité, l'instinct, et donc la force. Si jamais vous cherchiez la puissance nulle part ailleurs que dans votre esprit, vous seriez triste d'apprendre que jamais vous ne vous réveillerez. La vraie force est animale. Non pas au sens du muscle, mais à celui du mouvement. Ce qui nous rend vivant, c'est l'évolution. Notre évolution permanente vient avant tout de nos mouvements, partout où nous pouvons aller, partout où nous pouvons apprendre, et user en premier lieu de nos sens ; et seulement après de l'esprit. Si la Société a tendance à stagner, c'est tout simplement parce qu'elle a peur, peur de se détourner de la norme qu'elle s'est elle-même imposée. Or, pour qu'elle puisse gagner, il lui faut cette peur, car celle-ci engendre notre perte. L'habitude devient une force uniquement si l'on s'en sert pour se dépasser. Atteindre une évolution, un objectif, et non une routine. Auquel cas, vous ne feriez que renforcer la puissance de la Société, vous, et les autres. Durant l'enfance, vous allez de toute évidence évoluer. Une évolution inévitable. Tout se jouera dans la manière que vous aurez à considérer cette évolution. L'accepter, par fatalité, ou la dépasser, par nécessité. Après une rude éducation, l'enfant possède déjà ses bases les plus importantes, mais pas forcément les plus fatidiques. Celles-ci, ou devrais-je dire, celle-ci, ne prendra forme que de par vous-même. Et peu importe la qualité de votre éducation, puisqu'il n'y a aucune vraie vérité, aucune parfaite éducation. Mais il y a vous, votre personne, et vous, l'individu, qui peut être citoyen, ou uniquement humain. Votre formation aura pris fin, et l'enfance se verra peu à peu réduite au passé. Car seul compte l'instant, celui qui nous rend tous présents.

B. COMPRENDRE

L'enfance, à l'image de l'Univers, tend à trouver son apogée. Lorsque l'on prend l'exemple du système solaire, celui-ci possède son propre centre de gravité, qui est en perpétuel mouvement. Ainsi, nous pouvons trouver nous-même notre propre centre de gravité, à condition de ne pas tomber dans la routine, qui ferait le jeu de la Société. Lorsque nous passons notre temps à chercher qui nous sommes réellement, nous ne réalisons qu'une expérience de pensée. Or, pour trouver, il suffit de suivre la vie, et non de chercher. Accepter pour ainsi dire notre nature animale, et laisser les sens, et ce à chaque instant, réveiller en nous ce que nous sommes véritablement. Oui, cette vérité est instinctive. Au-delà de notre réflexion, le plaisir de nos sens transformera à jamais notre vision de la vie. L'artifice est la science de l'humain. Il ne faut jamais perdre de vue nos ressentis, auquel cas nous stagnerons dans un esprit de normalisation. Le beau l'est justement parce qu'il n'est pas anodin. Si l'enfant possède un désir, c'est sa frustration et son insistance qui lui démontreront ce que l'instinct peut réaliser de plus beau. La recherche, la découverte, et la beauté. L'appréciation spirituelle. L'être humain a toujours plusieurs chances, mais l'influence de la Société le réduit très souvent à la norme. Et il quitte alors à jamais son instinct, qui n'apparaîtra plus qu'en seconde position. L'éducation a pour plus grande faiblesse la dictature de l'esprit, et c'est ce à quoi il faut absolument faire attention. Bien qu'elle soit bénéfique et nécessaire pour tous, l'éducation devra toujours tendre à la nécessité afin que l'enfant puisse atteindre la maturité. Auquel cas, la fatalité le rendra dépendant de la Société, et le côté normal aura donc plus d'influence que celui de l'individu. La communauté fait partie de la normalisation. Cependant elle peut être voulu, ou subi. Et vous comprenez bien que le but de tout cela soit avant tout la notion de volonté. Celle-ci fait régner l'indépendance, point de départ de la liberté. Ce que nous raconte l'enfance, notre histoire, nous la garderons à jamais dans nos pensées. En revanche, ce que nous racontons nous-même, nous le créons, nous le formons à partir de ce que nous souhaitons. Alors après tout cela, comment peut-on penser que la fatalité règne sur notre Société ? La Société perd si vous gagnez, dans ce cas il n'y a qu'une seule chose à faire, la dépasser, ce qui passe par la volonté suprême de la dépasser. Avant toute chose, avant tout autre projet. Savoir qui l'on est, c'est déjà avoir passé avec succès le stade du renvoi de miroir. Connaître sa personne, c'est donner à la Société sa propre image, celle qui fait fuir la stagnation, celle qui recèle le mouvement par excellence. Évoluer, voilà le message qu'il fallait comprendre, puisque l'enfance est la représentation même de l'évolution. C'est donc adapter son esprit à son corps, avoir confiance en ses capacités, si obscures soient-elles, mais vivantes. La vie s'acharnera sur votre esprit, bien qu'on puisse en penser l'inverse. Alors si celui-ci n'est pas prêt, il sera beaucoup plus compliqué pour vous d'atteindre la maturité. Vous pouvez en revanche aider votre corps, le soutenir, le comprendre surtout. Non pas apprécier pour apprécier, mais écouter pour devenir empathique, empathique envers vous-même. Cela rendra votre esprit plus concentré sur ce qu'il doit accomplir, et il divergera donc moins sur tout autre apparence, celle que lui fournira avec le plus grand plaisir la Société. Comme je le dis toujours, celle-ci n'attaque jamais, et elle n'en a pour ainsi dire aucunement besoin. Car les humains lui fourniront assez de matière pour que ses desseins se réalisent sans le moindre effort, en utilisant les forces de chaque humain pour son propre compte.

C. PHILOSOPHER

Vous êtes à présent déjà sur scène. Il ne vous reste plus qu'à savoir quel rôle vous allez interpréter. Vous pourriez ainsi très vite me répondre : votre propre personne. Cependant, pour pouvoir bien interpréter votre personne, il faut bien avant connaître les singularités de votre personnage. Oui, celui que chacun se crée lors de la longue et périlleuse période de l'éducation. Ce personnage, vous ne le connaissez peut-être pas encore. Il représente en revanche ce que vous êtes aux yeux des gens, des autres ; de la Société. Car même si cela peut paraître simple à première vue, il est toujours plus compliqué qu'il n'y paraît de devenir, ou bien redevenir notre propre personne. La vie nous inflige des changements. Et par cela, nous nous devons de répondre par des mouvements. Après avoir compris l'importance de l'éducation, nous sommes à présent prêts à affronter la Société par nous-même. Vous allez prendre place au centre de votre scène, et commencer à jouer votre propre rôle. Ainsi, la Société répondra certainement en envoyant ses fidèles, les autres rôles, pour tenter de vous voler la vedette. Car oui, affronter la Société, c'est un combat de tous les jours, bien que le passage de l'indépendance facilite considérablement la tâche. Cependant, même après avoir réalisé avec succès votre maturité, vous serez toujours dans le champ de vision de la Société, qui ne se préoccupe que d'elle-même. Jouer est un art. Et toute personne connaissant au minimum un jeu, sait qu'une certaine manipulation est parfois très avantageuse. Mes amis, je vous présente : le BLUFF. Oui, aussi allez-vous devoir bluffer, faire douter la Société pour la rendre à son tour aussi vulnérable que vous l'étiez durant votre naissance. Car même si la Société a peur, elle ne se tournera en premier que vers ceux qu'elle considère être les plus faibles. Eh oui. La Société est composée d'animaux, il est donc normal qu'elle se comporte comme eux. Pour pouvoir bluffer, il va falloir que vous réalisiez un coup de maître. Tout se joue dans la croyance. La Société doit croire en vous, croire en votre capacité de normalisation. Ainsi, elle s'intéressera de moins en moins à votre personne, ou plutôt votre personnage. Vous allez donc user de ce que vous apporte la Société, les biens et les services, pour votre propre compte. Ainsi, sans s'en apercevoir, la Société travaillera pour vous, tout en pensant qu'elle le fait pour elle-même. Là se trouve l'astuce. Faire semblant peut paraître parfois insupportable aux yeux de tous. Cependant si ce semblant semble aller dans le bon sens, c'est-à-dire celui des autres, alors personne ne pourra remarquer qu'une personne s'est détachée du jeu. Et vous serez alors libre de réaliser votre propre partie, avec vos propres pions, et vos propres règles. Une seule contrainte devra être respectée afin que cela puisse durer : ne jamais sous-estimer la Société. Dans ce cas, celle-ci se rendrait compte du bluff, et stopperait tout de suite votre ascension au niveau de médiateur. Il ne faut pas perdre de vue le futur. Ce que cherche avant tout la Société est la stabilité. Or, trop de mouvement pourrait la perturber. Ainsi, vous serez le médiateur entre une Société stagnante, et votre propre groupe mouvant, tentant de percer à jour les mystères les plus fous de notre existence. Si vous n'êtes pas assez réactif, présent, voire attentif, la Société pourrait réduire en miettes toute votre structure, et vous serez ainsi plongé dans la noirceur de son obscurité. Normaliser est une nécessité pour la Société. Pour vous, la nécessité est de vous déplacer. Trouver le bon champ de vision, afin de toujours pouvoir vous retourner

DEVELOPPEMENT

lorsque la Société essaiera de percer à jour votre existence. Puisque là où la Société ne peut vous contrôler, c'est bien là où elle ne peut vous regarder.

3. La maturité

A. ECOUTER

Mes amis, c'est à présent ici que certains vont nous quitter, et d'autres rester à jamais dans une enfance refoulée. Bien évidemment, cela n'est pas une partie de plaisir. Certaines personnes vont réussir à se sauver, et bien d'autres, s'ancrer à jamais dans la Société. Rien ne nous dit que la maturité ne peut nous arriver plus tard. Cependant, plus on la repousse, plus celle-ci nous repoussera aussi. Devenir indépendant reste certainement l'étape la plus cruciale, mais aussi la plus difficile à relever. Être libre, cela se mérite ; mais cela se comprend aussi. Certains imaginent qu'ils peuvent faire tout ce qu'ils souhaitent. Or, on ne peut réaliser uniquement que ce que l'on veut. Car la volonté est elle-même liée à l'action. En opposition avec le désir, lié à l'instant, la stagnation, la Société. Et oui, désirer permet à la Société de garder sur nous le contrôle. Ce qu'elle ne peut faire lorsqu'aucune chose ne nous intéresse. Si vous êtes attiré par ce que peut vous offrir votre environnement, alors vous tombez en quelque sorte « amoureux » du désir. Vous désirez par-dessus tout, alors vous restez ; mais jamais n'allez au-delà de ces simples désirs. La maturité, contrairement à ce que beaucoup pensent, est une décision, et non pas un simple hasard, une chance qui serait tombée de la grâce, et qui vous aurait récompensé vous, telle qu'elle aurait pu en récompenser d'autres. L'indépendance est plus qu'un choix, c'est une action de tous les jours. Et ceux qui en décident le deviendront. Rien n'est plus simple que de l'expliquer comme elle se doit d'être expliquée. Ce que la vie nous réserve, personne ne le sait. Ce que nous réservons à notre vie, nous seuls pouvons le savoir. Nous savons à partir du moment où nous avons appris quelque chose. Alors nous sommes cultivés, cultivés par cet esprit de connaissance. Pour réussir à trouver la force qui nous rendra indépendant, il faut avoir subi la force qui peut nous soumettre. Nous ne sommes qu'humains, et tout humain qui naît ne peut se débrouiller seul jusqu'à sa maturité. Les autres seront votre force motrice, le moteur de votre indépendance personnelle. La vie est un jeu, et nous cherchons donc à tout prix à ne pas jouer avec elle. Pourquoi ? Parce qu'au fond de nous, nous connaissons tous le Jeu de la Société. Et que chacun de nous en décide les règles. Si nous ne pouvons pas jouer avec la vie, pourquoi ne pas jouer avec les autres ? Ceux-ci nous permettent de vivre, comme bon nous semble. Car le Jeu est présent de partout. Peu importe où nous nous trouvons. Nous nous battons contre le Jeu. Le Jeu se veut être sensé, puisqu'il est la logique. Mais l'humain possède des sens que le Jeu n'a pas. Au-delà de ces simples sens, nous possédons la réflexion, la force de l'esprit. L'objectif n'est pas de combattre la logique, mais de l'empêcher de se substituer à tout. Puisque l'humain est né sur Terre, l'humain peut vivre sur Terre. Or, le Jeu naît de l'humain. Il est donc partie intégrante de notre monde. Ce qu'il reste à savoir, c'est bien quels sont ses effets positifs, voire productifs sur notre espèce. Puisque le Jeu apparaît du moment que la Société existe, c'est donc qu'il est par nature bénéfique à la Société, et non à l'individu ; d'où l'intérêt d'en sortir. Le Jeu, comme je l'ai expliqué, donne des rôles à ses participants. Ainsi ceux-là savent pertinemment ce qu'ils doivent faire. En revanche, ils disparaissent à même que leur vie avance. C'est donc que la seule et unique importance du Jeu vient de la période précédant la maturité (qui nous en fera sortir). Car s'il n'y avait pas de « jeu » durant notre enfance, nous serions alors livrés à nous-même. Ceci engendrerait une diminution considérable des connaissances, donc de notre évolution spirituelle, et ainsi nous perdrions la seule chose que l'humain ait gagné sur tous les autres êtres : l'intelligence.

B. COMPRENDRE

Après avoir intégré l'intérêt du Jeu, recentrons-nous donc sur ce qu'il renferme réellement : la beauté de la vie. Si celle-ci a pu se construire avec le Jeu, elle n'est cependant pas obligatoirement dépendante de lui à la sortie de l'enfance. Et c'est bien lui le sujet évoqué. Ce que nous devons retenir, c'est que nous avons pris l'habitude de ce Jeu, et c'est en cela absolument nécessaire. Or, pour en sortir, il va falloir arriver à prendre l'habitude inverse. Celle de l'absence du Jeu. La difficulté n'est pas tant le changement personnel, que le changement vis-à-vis des autres, et principalement de ceux qui y jouent encore. Car ce qu'il va falloir comprendre, c'est que les autres, eux, ne comprendront pas. Voilà la plus grande difficulté. Comment faire, me diriez-vous alors, pour dépasser ce décalage, qui se produira de toute évidence ? Eh bien, de la même manière que l'on fait pour adopter au plus vite une nouvelle habitude, le faire avec d'autres. Ainsi, votre bonne volonté aura le temps de se reposer, pour chaque instant où le décalage avec les autres se produira devant vous. La force vient avant tout des autres, et c'est sans aucun doute la chose la plus importante à ne pas oublier. Tout est question de volonté. Celui qui avance seul est celui qui possède une volonté qui lui permettra de produire une force insatiable. Ce qui est autrement plus compliqué que d'avancer en multipliant les forces, mais pas impossible. Telle que la connaissance, la force se multiplie à mesure qu'il y a d'individus. Et c'est là notre chance remarquable ! Il suffit simplement de trouver les bonnes personnes. Et encore plus simple si elles partagent votre vie avec vous. Le moteur de cette multiplication, c'est la volonté. Notre volonté de connaître, notre volonté d'apprendre, notre volonté de surmonter les obstacles, notre volonté d'y arriver, notre volonté d'exister, notre volonté de continuer, notre volonté de grandir et d'être plus puissant encore ... tout cela se multiplie à mesure qu'il y a de volontés. Et si l'indépendance n'était qu'une forme de volonté ? Celle qui englobe toutes les autres ? Pour atteindre la maturité, il suffit de la vouloir. Car dans n'importe quelle forme d'indépendance, la volonté est de mise, et rien sans elle. L'indépendance est ce qui fera de votre vie, Votre vie. Un soupçon de liberté, dans un monde où la liberté s'achète. Le fruit de votre réussite sera donc la maturité. A ce moment même, le paradoxe prendra le dessus, vu que les personnes ayant atteint la maturité pourront continuer le Jeu tel qu'il a été prévu, alors que les autres entreront dans les entrailles de la Société. Il y aura ainsi deux « jeux » en parallèle : le jeu interminable (ou Jeu de la Société) et le jeu perdu (ou Société). Dans le jeu perdu, la Société gagne toujours. Alors que dans le jeu interminable, personne ne gagne, ni ne perd. Ainsi, ceux qui décident de faire partie du Jeu pourront à leur tour modifier les règles de ce Jeu. A l'inverse de la Société, qui ne fera que subir ce qui a été imposé par le Jeu. Nous voyons donc là l'esprit de l'enfance qui réapparaît. Car au fond, tout le monde reste en enfance. Simplement, certains la refoule, d'autres non. La liberté s'acquiert avant tout avec cet esprit d'assumer qui nous sommes. Et nous ne sommes qu'humains. L'heure tourne, mais le Jeu, lui, ne fait qu'avancer, alors que d'autres reculent. Ce que veut la Société, c'est l'annihilation. Ce que veut le Jeu, c'est l'identification. Le seul et unique moyen de donner le sens que l'on souhaite à notre vie, c'est d'être libre, sans étiquette, mais reconnu. La maturité prend son sens dans la réflexion, sans pour autant utiliser la logique. Elle utilise uniquement le Jeu de la Société. C'est-à-dire les règles qui lui ont été imposées. Car être indépendant du Jeu n'est pas être indépendant des autres. Il en est même impossible. Nous sommes tous la Société. Ainsi utiliser cette dernière ne nous mènera à rien qui puisse nous rendre indépendant des règles.

DEVELOPPEMENT

C. PHILOSOPHER

Afin de poursuivre la métaphore de la scène, la maturité vous aura rendu « célèbre ». En effet, alors que vous jouiez déjà sur cette scène le spectacle de votre vie, la Société vous a enfin reconnu, et à ce titre, elle sera beaucoup moins présente contre vous, à condition que vous vous teniez à carreau. Vous avez enfin pu prendre votre liberté, et goûter à son si bon goût. Ce qui vous réveillera les papilles, ce sont toutes les possibilités que vous tiendrez à présent dans le creux de votre main. Et à n'en pas douter, après tous ces efforts, vous serez certainement impatient de commencer à réaliser tout ce dont vous aviez toujours rêvé. L'indépendance va vous rendre puissant, et riche, à quelque niveau que ce soit. Vu que votre vie dépendra à présent uniquement de vous-même. Vous vous serez surpassé, dépassé même. La maturité fera de vous un humain ayant le pouvoir de changer les règles du jeu. De Votre jeu. Lorsque nous sommes sur scène, nous tenons toujours à donner le meilleur de nous-même. Non pas pour « arriver » à atteindre quelque chose, mais bien pour nous-même. Notre propre estime grandie de plus belle. Et cette ampleur n'aura de cesse de réveiller la salle. Car aujourd'hui la salle est pleine, et celle-ci ne se videra plus. Les dés sont jetés, et vous avancez. Tout le monde s'attend à être impressionné, époustouflé. Nous vivons le plus beau moment de notre vie. La lumière sera parfaite, et vous serez dans la lumière. La salle n'est jamais éclairée ; mais la scène, elle, ne s'éteindra plus. Que le monde soit immense, c'est concevable. En revanche, que nos capacités d'actions soient ne serait-ce que grandes, c'est déjà un peu plus difficile à admettre lorsque nous vivons dans ce même monde. Cependant il n'y a rien de plus vrai. Agir est un devoir. Pour les autres bien sûr, mais avant tout pour nous-même. L'action est le centre de gravité du mouvement, alors pourquoi tourner autour ? Ce que nous apprennent les autres est nécessaire, ce que nous choisissons d'apprendre est vital. Alors au lieu de considérer les autres avant tout, considérez-vous déjà de manière respectable. Nous ne choisissons pas qui nous sommes, nous choisissons ce que l'on veut être. Et pourquoi ne pas choisir d'être qui nous sommes ? Au moins, nous savons que nous avons la particularité d'être uniques. Nos singularités sont des chances incroyables. La vie nous donne ces singularités. Les accepter fera de vous qui vous êtes véritablement. Un esprit, et un corps. Et jamais l'un sans l'autre. L'esprit vous fera avancer, le corps vous fera réfléchir. De cette beauté, vous en deviendrez les maîtres. Ce que j'aime dans la maturité, c'est ce réalisme. Toute décision relève de l'esprit. En revanche, chacune de ces mêmes décisions influence le corps tout entier. Chaque choix, bon ou mauvais, aura comme conséquence de s'allier à vous, pour ne faire plus qu'un. Ainsi, même si vous décidiez de renier un choix passé, celui-ci resterait jusqu'à la mort à l'intérieur de votre corps, coincé entre quelques muscles, quelques articulations, quelques os ou organes. Au final nous ne sommes qu'un. Et laisser les mauvais choix s'effacer ne ferait que les rendre encore plus forts. De toute évidence, nous nous devons de les exprimer, de les expulser, au-delà même de ce que nous sommes, de simples humains venus de Terre. Relater notre vie et notre existence dans cet Univers ne fera que nous rendre plus fort. Or chaque corps est chaque esprit, et chaque esprit est chaque corps. Si nous nous connaissons, nous savons que nos capacités d'action sont infinies, voire éternelles. Prendre une décision est à chaque fois difficile, à chaque instant. Mais cette succession d'instants définira votre vie. Votre être, votre croyance, ne fait qu'un avec vous. Ne laissez pas la vie décider de votre vie, mais vivez-là telle que vous l'avez décidée. Un jour, un espoir renaît. Cette semaine, c'est la vôtre. Et de ce jour, vous mettez en action les autres. Car de cette semaine, l'espoir en laissera présager d'autres.

4. Le travail

A. ECOUTER

C'est la vraie indépendance qui nous fait goûter au vrai travail. Celui-ci peut se mélanger de passion, mais se traduira toujours par un objectif de liberté. Tout comme l'enfance, le travail est une période de la vie, à défaut de n'être qu'une évolution. Généralement la période la plus longue, il est également le destin de l'humanité, une des conséquences de son existence. Après avoir vécu notre enfance, le travail sera indéniablement lié à elle. Rien ne détermine qui que ce soit, et pourtant les choix peuvent changer une vie du tout au tout. C'est pourquoi l'étape de maturité est si importante. Cette dernière conditionne le travail, elle lui donne la voie qu'il pourrait prendre. Que l'on soit bien d'accord. Dans le Jeu de la Société, le travail a une définition bien particulière. Et comme indiqué précédemment, certains ne l'atteindront jamais. Si l'étape de maturité n'est pas franchie, le travail ne sera alors qu'une simple continuité de l'enfance, mais sans apprendre quoi que ce soit. Et malgré ce que l'on pourrait penser, la majorité des humains ne travaille pas, et n'est donc pas libre. La définition courante du « travail » pourrait se résumer à une sorte de soumission. Cette soumission est inévitablement sans efforts. Cependant ces efforts n'ont rien de difficile, ils sont simplement spécifiques. Il faut savoir quels efforts réaliser pour être libre. Tout cela dans le respect même des lois de la Société. Chacun peut-il trouver quels sont ces efforts à réaliser ? Ce qui est possible est de se renseigner auprès de ceux qui les ont faits. Pouvoir être libre dans un monde capitaliste se résume à posséder une certaine richesse. Entretenez cette richesse, et vous n'aurez plus à vous poser de questions. Le travail est aussi un travail à faire sur soi-même. C'est-à-dire que la liberté demande une certaine mentalité. Celle de penser que la liberté est le bien le plus précieux que peut et doit posséder un humain. De ce fait, la dépendance à la Société réduira forcément. Nous sommes avant tout ce que nous voulons être, et non pas ce que nous souhaitons, ou désirons. Le désir est vain, alors que la volonté est suivie d'actions. La liberté acquise, elle disparaîtra si on ne l'entretient pas. La période du travail est ce qui donnera à chaque humain du sens à sa vie. Il décidera quelle sera sa place dans la Société, car inévitablement chacun y a sa place bien préparée. Au-delà de la saisir, il faut savoir la situer. Cette période est une constante évolution, réflexion sur soi-même. On n'échappe pas à sa vie, mais on peut échapper à sa place, et en prendre une autre qui ne nous conviendra pas, mais qui nous évitera de continuer à chercher la nôtre. Le plaisir de la vie est censé être cette période si précieuse. Malheureusement beaucoup de personnes resteront coincées dans le Jeu. Elles ne profiteront jamais de ce sentiment si grand, s'il fut encore défini par une situation. La vie ne peut être incomplète, mais simplement peu productive. Productive dans le sens d'user de toutes les possibilités qu'elle renferme. Nous pouvons nous affranchir de cette nécessité de soumission perpétuelle, alors pourquoi choisir de ne pas en profiter ? Tout simplement par peur. C'est elle qui est à la source de tous ces abandons de travail. Simplement l'humanité est traversée par ces deux passions : la peur ainsi que l'espoir. S'il est si facile de se laisser prendre par la peur, pourquoi l'espoir n'en ferait-il pas autant dans le domaine de la liberté ? Beaucoup de personnes sont libres de nos jours, et ces chiffres n'arrêtent jamais de croître. C'est pour cela que la soumission n'est pas une fatalité en soi. Le moment est toujours venu, toujours disponible pour changer notre mentalité punitive. Chacun mérite de profiter de la vie tel qu'il la veut. Il suffit de changer de passion dominante, puis de faire les petits efforts qui vous permettront d'évoluer dans une période propice à votre propre épanouissement, ainsi que celui de la Société. Celle-ci vit puisque vous êtes vous-mêmes en vie. Tout l'épanouissement que vous réaliserez engendrera inévitablement le bien-être de la Société tout entière.

DEVELOPPEMENT

B. COMPRENDRE

Après ce grand message d'espoir, vous vous demandez forcément une chose : « Comment pouvons-nous sortir du système de pensée dominant qui est celui de la peur ? ». Je vous dirai que la seule façon d'y voir plus clair est de commencer par vous poser la question : « Qui êtes-vous réellement ? ». Votre but dans la vie, quel est-il ? Et loin de moi les pensées soient-disant « concrètes », ou « réalistes ». Ce qui est réaliste est ce que vous pouvez vous imaginer. Si l'on peut imaginer quelque chose, c'est forcément qu'on peut le réaliser. Ensuite vient la pensée suivante : « Il reste cependant un problème, et pas des moindre, celui du financement. D'où vient l'argent ? ». En ce qui concerne le sujet fatidique de l'argent, je pourrais vous dire qu'il existe deux types de revenus sur Terre : celui pour lequel vous travaillez, et celui pour lequel vous ne travaillez pas. L'objectif étant d'obtenir un revenu pour lequel vous n'aurez pas besoin de vous épuiser à la tâche. Insensé ? C'est pourtant ainsi que fonctionnent 10% de la population mondiale. Si vous voulez en faire partie, il suffira de vous intéresser à l'INVESTISSEMENT. Ce principe fondamental est au cœur de la liberté totale de ces 10% d'humains sur Terre ; ce qui ne tardera pas à faire près d'1 milliard d'humains. Mélanger travail et passion, c'est à la fois faire un métier qui vous anime pleinement, mais également obtenir des revenus qui vous le permettent. Ainsi, ce qu'il faut comprendre est que la liberté est une compétence qui se gagne. A la fois faiseuse de richesse économique et intellectuelle, la liberté n'a de cesse d'ouvrir la curiosité ainsi que la volonté d'apprendre de nouvelles choses. Lorsque l'on parle de la Société, on parle à la fois des humains, ainsi que de la pression qu'elle exerce sur ces derniers. Une pression sociale, une pression économique, ainsi qu'une pression sur nos vies et non le cerveau lui-même. Ne vous êtes-vous jamais demandé pourquoi vous faisiez certaines choses qui ne vous donnaient aucune motivation, simplement pour la seule raison que vous aviez pris l'habitude de les faire ? Car là nous touchons un point sensible, et entièrement lié à la liberté. Lorsqu'on prend certaines habitudes, nous donnons à notre cerveau le message qu'il est « normal » d'agir de telle ou telle manière. Cela lui permet à la fois de faciliter ces actions, mais l'empêche également de trop les remettre en question. Et comme dans toute l'histoire de l'humanité, la liberté se perd à partir du moment où on ne la défend plus. Ainsi si vous prenez l'habitude d'agir d'une certaine manière, vous en perdrez la capacité d'agir d'une autre. Et cela se produit chez 100% des êtres humains. Si vous voulez devenir libre, vous devrez prendre l'habitude d'agir en tant que personne libre. Mais qu'est-ce qu'une personne libre ? Tout simplement une personne qui n'est pas liée à une pensée dont elle est soumise. Cela révèle donc le fait que la liberté soit uniquement une vision de l'esprit, et non une condition en elle-même. Il faut bien comprendre que n'importe qui a la capacité de faire n'importe quoi. C'est-à-dire qu'à partir du moment où l'on se met des barrières psychologiques, le corps en fera de même. En revanche, si l'on estime qu'il y a toujours un moyen de réaliser certaines choses, alors notre corps aura la capacité de nous amener là où on le voudra. Le travail, qui se résume pour 90% de la population, à travailler pour un salaire, pourrait bien se transformer en un investissement qui vous rapporterait tout autant, sans avoir besoin de travailler. C'est donc dans les 10% que je souhaite vous amener. Pour cela, il y a deux solutions : l'investissement locatif (IMMOBILIER), ou bien l'investissement actionnarial (ENTREPRISE). Il faut savoir qu'il est plus facile et plus sécurisé d'investir dans l'immobilier lorsque l'on débute. En revanche, ce sont les deux seuls moyens de se créer une richesse financière, et donc les deux solutions qu'utilisent les 10% de la population mondiale afin de profiter de la vie tels qu'ils la veulent. Même si ce n'est qu'un avant-goût, c'est uniquement par cette voie là que vous pourrez voir grossir votre liberté d'action, et avant tout votre indépendance vis-à-vis de la Société.

C. PHILOSOPHER

Le plus difficile lorsque nous prenons une décision, c'est non pas de s'y tenir, mais bien de commencer. Voilà l'histoire de la liberté. Comme nous venons de le comprendre, c'est l'habitude qui fait la personne. Et lorsque nous devenons célèbres, nous le devenons « pour la vie ». Non pas que ce soit inévitable, mais bien que nous ayons pris l'habitude de se comporter en tant que tel. La clé de la réussite se trouve dans la volonté de commencer ce que personne n'arrive à commencer. Croire en nous et en nos capacités extraordinaires qui nous donnent la possibilité de nous surpasser mentalement. Cela fera donc appel à nos côtés émotionnels ainsi que spirituels. En effet, mais si tout cela peut paraître logique, notre esprit, habitué à son confort et ses pensées mouvantes, nous empêchera de nous tourner vers la nouveauté, et donc l'inconnu. Le cerveau n'aime que ce à quoi il est habitué. Changer de mentalité serait donc comme changer son système d'exploitation. Il essaiera de contrer ses pensées. Cependant, la croyance est bien là, et quiconque sait qu'elle n'amène aucune logique, mais de l'espoir, qui est ce dont nous avons besoin pour arriver à changer. La volonté de devenir libre peut être poussée par la force de nos croyances, afin de contrer nous-même la peur engendrée par notre cerveau emplie de « logique ». Ce qui nous aidera, c'est l'hémisphère droit de ce cerveau, celui qui fonctionne en arborescence. Après s'être penché sur l'habitude, nous pouvons voir le côté permanent de la population entre les personnes libres, et celles qui ne le sont pas. 10% - 90%. Ces chiffres parlent également de la répartition des mentalités entrepreneuriales et salariales. Les personnes qui possèdent des investissements investissent également dans leur succession, c'est-à-dire les enfants. Vu que l'enfance est reconnue comme la principale période d'apprentissage, c'est dès l'enfance que l'habitude d'une mentalité va se jouer. Ainsi, les personnes qui investissent auront des enfants qui investiront. Or, on sait également que la transmission existe à tout âge. C'est pourquoi certaines personnes se retrouvent à investir alors qu'elles n'étaient pas prédestinées à le faire. Et c'est en ce sens que ce livre nous amène à voir les choses. Dans le domaine financier, acquérir sa liberté passe par l'apprentissage des fondamentaux de l'investissement. Dans le domaine social, cela passe par le développement personnel et l'apprentissage de la libération de la parole. En effet, se faire confiance dans une société toujours plus pesante devient compliqué si l'on n'acquiert pas les bases de l'indépendance vis à vis des pensées hostiles et dévalorisantes. De plus, cette introspection personnelle passe par de petits changements quotidiens en termes d'habitudes à adopter pour se sentir mieux et plus épanouie. Ces petits changements sont le début d'un grand chemin vers la liberté totale de son esprit et de ses possibilités de création. La mise en place d'un travail régulier fera de vous quelqu'un de déterminé et prêt à changer d'horizon afin d'apercevoir enfin ce que le monde a à lui offrir. C'est durant la période de travail que le Jeu vous procurera le plus d'avantages et de possibilités. La vie tend vers ce travail si précieux, c'est ici qu'elle prend son sens, qu'elle progresse. Vivre cette expérience c'est alors comprendre pourquoi nous avons choisi tel ou tel chemin. C'est se dépasser avant toute chose. Et la maîtrise des règles du Jeu vous sera alors totale. Seul vous pourrez décider où placer la borne de vos ambitions. Mais s'il y a bien une chose à savoir, c'est qu'il ne faudra jamais la placer trop basse, par risque de la voir se retourner contre vous, et ainsi de retomber dans un monde limité par des règles que vous n'aurez pas choisies. Créer son propre jeu, c'est avant tout comprendre que votre vision des choses pourrait bien devenir la vision partagée par tant d'autres personnes sur cette Terre. Vous êtes libres de pouvoir créer, cela devrait même en être un devoir. Mais s'il ne faut pas oublier une chose, c'est que chaque vision que vous partagez, si vous ne l'avez pas créée, c'est bien que quelqu'un d'autre avant vous l'a fait.

DEVELOPPEMENT

5. La mort

A. ECOUTER

Lorsque l'on parle de la mort, nous parlons plutôt de la fin du travail. En effet, pour toute personne libre, ses journées se résument à faire ce pourquoi elle est ici, sur Terre. Ainsi, après avoir acquis la maturité, elle travaillera donc jusqu'à la fin de sa vie. Or, ce n'est pas le cas de la plupart d'entre nous. A vrai dire, 90% des humains sur Terre attendent impatiemment la fin. La fin de quoi ? La fin de leur « travail », c'est-à-dire la retraite. Cette perspective met d'autant plus en lumière la différence qu'il y a entre le terme travail, titre du chapitre 4, et le « travail » que tout un chacun possède, celui auquel il n'est pas vraiment attaché. Dans l'esprit des personnes libres, la fin n'est pas un but en soi, elle est simplement la dernière étape. Et c'est pour cela que ces personnes s'y préparent, depuis le passage de leur maturité. La mentalité que possède la plupart d'entre nous est de repousser la mort, tout en rapprochant la fin. La mentalité inverse étant de diminuer l'espace entre la fin et la mort afin d'atteindre la mort dans les meilleures conditions possibles. C'est-à-dire en restant le plus longtemps possible une personne libre. Libre de ses gestes, libre de ses choix, et libre de ses pensées. D'un point de vue général, si l'on cherche à atteindre à tout prix notre retraite, c'est que nous n'avons jamais goûté à l'indépendance financière. Car dans le cas inverse, l'habitude en aurait forcément pris le dessus. Voir la fin comme la verrait une personne libre, ce n'est ni l'appréhender, ni la souhaiter, mais uniquement la préparer. Cela se divise en diverses actions, tel que l'enseignement de l'investissement aux enfants, la création de fondations, la réalisation de conférences ou bien de livres ; là où d'autres épargneraient leur argent, laisseraient l'entière éducation professionnelle des enfants entre les mains du système scolaire, et espèreraient à tout prix qu'aucune crise économique ne survienne jamais. La préparation est la clé. Préparer la fin à travers des actions de tous les jours, à travers nos passions et nos envies. Le cœur du progrès se trouve dans la volonté de faire ce que d'autres n'osent pas réaliser ; et le plus souvent par peur. Le monde ne pourrait pas avancer s'il était régi par la peur. Le progrès prend sa source dans le cœur même des personnes pleines d'espoir. Car s'il ne fait pas tout, il permet au moins une chose, qui est de commencer. Cela revient comme une musique incessante. Et c'est pourtant vrai. Le plus dur a toujours été de commencer. Commencer à créer. Commencer à agir. Commencer à parler. Commencer à choisir. Ce serait dommage de commencer sa vie à partir de la retraite. L'envie ne fait pas tout, et elle n'a même rien à voir avec l'action. L'envie est pensée. Et aussi bien qu'on puisse le croire, elle n'est pas une pensée positive, ni un espoir. Elle est désir de consommation. L'espoir est utile s'il est lié d'action, c'est-à-dire de détermination. C'est donc ce que j'appelle simplement : la volonté. Si nous trouvons la volonté (et pas besoin de chercher loin, elle est en vous), alors nous pourrons réaliser tout ce qui nous importe le plus. C'est avec une vision à long terme que nous pourrons préparer la fin, la fin de ce Jeu. Car après tout, la vie n'est faite que pour durer un certain temps. Peut-être en est-elle ainsi pour que l'on puisse apprendre de nos erreurs, des erreurs du passé, celles de nos anciens. C'est à travers cette ligne directrice que nous relevons l'importance de la Société. Celle-ci sera la seule à survivre. Si vous voulez lui donner une voie, un chemin, alors il faudra que vous vous sentiez libre de le faire, pour qu'ensuite vous puissiez réellement appliquer ces changements. Les lois sont uniquement faites pour être changées. Pourquoi ne serait-ce pas vous ? Pourquoi n'en auriez-vous pas les capacités ? Si vous voulez pouvoir profiter de la vie le plus tôt possible, alors il faudra que vous agissiez en conséquence, et que vous vous mettiez à travailler sur votre liberté. Tout d'abord, commencez par apprendre à investir, investir en vous, en votre intellect, puis à investir dans la Société.

B. COMPRENDRE

Dans un monde gouverné par les humains, leur richesse est leur plus grand atout. Et je ne parle pas là de richesse financière, mais bien de richesse d'esprit. J'ai pris l'habitude de dire que la chose la plus importante dans notre existence était la quantité de savoirs et de connaissances que chacun assimilerait. Pourquoi cela ? Tout simplement car cela distingue avant tout les personnes ouvertes de celles qui ne le sont pas, mais également celles qui apprécient la vie, de celles qui la vivent sans même savoir pourquoi. Lorsque l'on pense notre existence, nous devrions en même temps penser notre évolution. Ce que la vie a à nous donner, c'est uniquement cette richesse, ce qu'elle est, et avant tout ce qu'elle possède. Le monde a beau être aussi disparate, il est tout d'abord matériel. Et n'en déplaise à certaines croyances, c'est tout ce qu'il a à nous offrir. Même les émotions qu'il nous procure prennent leur source sur ce que l'on ressent : la vue nous montre ce qui est matériel, le toucher nous fait sentir ce qui est matériel, l'ouïe nous fait entendre des sons matériels, le goût prend sa source d'une nourriture matérielle, et l'odorat nous évoque une senteur issue de sources matérielles. Ce que la vie nous donne est palpable. Et les sentiments sont générés par un cerveau lui-même palpable. Si la science évolue en ce sens et tend à reproduire les émotions, c'est parce que celles-ci sont gérées et contrôlées par ce qui est matière. Ainsi, toute richesse planétaire est une richesse matérielle. Et richesse spirituelle n'est que le fruit de notre imagination matérielle, quand bien même cela se passe uniquement dans notre esprit. Ce que les humains peuvent contrôler est ce que les humains peuvent posséder. Lorsque la fin viendra, le corps se transformera pour enrichir d'autres sources matérielles. En revanche, nous ne pouvons pas contrôler tout ce qui existe sur Terre. Et fort heureusement. La vie nous donne la possibilité de faire partie de ce grand Univers. Elle nous donne également la capacité de grandir dans ce monde, et de faire croître notre propre richesse. Cette capacité est donnée à la plupart d'entre nous. Nous pouvons ainsi avoir une part de richesse plus grande, sans avoir à en prendre à quelqu'un d'autre. Tout simplement car la richesse mondiale est en constante augmentation. Il n'y a pas de richesse totale définie, uniquement une quantité de matière définie. Car la vie offre toujours des possibilités. Il n'en reste qu'à vous de les attraper. La fin n'est qu'une étape. Mais elle peut être bien plus que cela si on considère la vie comme une succession de descendants. Voir la fin d'une autre manière pourrait permettre à votre descendance de voir leur propre vie tout autrement. Et si l'on peut se permettre de penser cela aujourd'hui, c'est parce que d'autres avant nous ont eu l'idée de voir leur vie comme à l'époque on ne la voyait pas. A présent, tout le monde peut devenir qui il veut. La plupart des humains occidentaux ne sont plus limités à un travail bien précis, issu de leur propre ascendance, mais peuvent choisir leur propre travail. Le souci qui se pose dorénavant, est de savoir comment fusionner travail, passion, et richesse. Le travail a évolué, la passion aussi, il manque donc la richesse. Le travail fait intervenir votre cerveau gauche, la passion votre cerveau droit, et la richesse votre cerveau gauche ainsi que votre cerveau droit. Et faire travailler les deux en même temps, c'est comme obliger la logique à travailler avec l'imagination ; le rationnel avec l'irrationnel. Cela nous amène la plupart du temps à devoir choisir l'un des deux. Et en ce qui concerne la richesse, votre imagination est souvent mal venue. Comment considérer la richesse lorsque l'on sait que c'est celle-ci qui détermine notre vie ? Comment s'enrichir intellectuellement ainsi que financièrement ? La vie tourne à présent autour de cet unique problème. Lorsqu'on pense cerveau gauche, il est facile de « travailler » pour augmenter notre « richesse ». Mais quasiment impossible d'être « passionné » pour augmenter notre « richesse ». Le fait étant qu'il faudrait « travailler passionnément » afin de nous créer une « richesse » aussi grande que l'on puisse l'imaginer.

C. PHILOSOPHER

Aussi douloureux puisse-t-être à l'esprit d'imaginer sa propre mort, il viendra bien un jour où nous devrons y faire face. Le fait étant que nous n'avons besoin d'imaginer ce moment, mais uniquement de l'accepter. Lorsqu'il y a un début, il y a forcément une fin. Et c'est d'ailleurs en ce sens que nous nous obsédons à vouloir « profiter » de cette vie qui nous a été donnée. Toute personne ayant atteint la maturité a forcément un jour ou l'autre été contrait de préparer la fin de cette vie si remplie. Ainsi, l'objectif ultime de transmission ayant été remplie de diverses manières suivant les personnes. Dans un épanouissement, nous arrivons au sommet quand il devient nécessaire pour nous de transmettre nos connaissances. Pour les personnes ayant atteint la maturité, elles légueront un savoir de liberté. Et dans tous les domaines de la liberté. Ce qui différencie évidemment les autres personnes ne pouvant transmettre les connaissances de liberté financière. Il n'y a là aucun jugement, aucun conseil, aucune morale. Les simples faits déterminent souvent la vérité. Celle que l'on ne peut se permettre d'admettre, celle que l'on aurait voulu pouvoir assumer, ou celle qui nous aurait amené aussi loin que l'on puisse l'imaginer. Car l'heure n'est pas au changement, uniquement à la prise de décision. Nous nous comparons sans cesse aux autres, à l'ensemble de la Société finalement. Est-ce devenu pour nous un jeu, ou simplement ce qui nous lie et persiste intensément à donner du sens à l'humanité que nous sommes ? Ce qui est certain, c'est que nous ne pouvons contrôler ce qui nous échappe, fusse-t-il aussi primordial. Une personne célèbre peut s'éteindre avec les gloires, tout comme avec les pires humiliations. Ce que détermine la maturité, c'est tout simplement l'importance que vous pouvez avoir sur la Société, si bien que masses de personnes pourrons vous donner leur soutient et ainsi vous propulserons toujours plus haut. Mais n'oublions pas qu'au final, nous sommes structurellement tous égaux. Les choix et erreurs de tout le monde, sont équivalent aux choix et erreurs des plus grands de ce monde. Nous ne connaissons le réel mystère de la vie. La seule chose que nous savons est que nous sommes. En revanche, ce que nous ressentons, c'est que nous voulons ce qu'il y a de mieux. Et au-delà d'être uniquement humain, c'est avant tout le souhait de tout être vivant. Profiter de la vie, c'est ce que demande tout être de ce monde. Et avant tout ce que demandent les humains. Mais il y a des techniques pour y arriver, correspondant à chacun des régimes politiques que nous connaissons. Aujourd'hui, la plupart des pays de ce monde sont des démocraties libérales, voire ultra-libérales. Mais qui sait dans quel régime politique nous nous retrouverons demain ? Et comment pourrons-nous faire pour profiter de la vie à ce moment-là ? Tout ce que je peux vous dire, c'est que le capitalisme a créé des classes toujours plus éloignées les unes des autres. Ces classes-là ont toujours existées à partir du moment où un régime politique contrôlait les humains. La question n'est pas : « Comment faire pour qu'il n'y ait plus de classes ? », mais bien : « Comment puis-je

DEVELOPPEMENT

faire pour atteindre la classe qui me permettra de profiter de la vie ? ». Eh bien le capitalisme vous permet à toutes et à tous d'atteindre ce but, et pas simplement de profiter, mais bien de contrôler la vie, et pas seulement la vôtre. Dépasser la Société ? Être le maître du Jeu ? Créer son propre jeu ? Tout s'équivaut. Nous sommes dans un monde inégal, parce que nous-mêmes sommes des êtres inégaux, avec des gènes inégaux, des durées de vies moyennes inégales dues à nos différences génétiques. Peut-être pourrons-nous créer demain un monde qui nous mettra tous sur un piédestal ? En revanche ce que je sais aujourd'hui, c'est que si vous souhaitez atteindre l'indépendance et quitter le Jeu de la Société, vous n'avez pas besoin de savoir comment contrôler ces gènes. Il vous faudra simplement gravir les échelons de la liberté jusqu'à pouvoir faire partie intégrante des 10% de ce monde. Ensuite, vous pourrez prier la chance et espérer qu'elle vous ait donné les meilleurs gènes de l'humanité.

III.

CONCLUSION

CONCLUSION

Il n'y pas de promesses, ni de certitudes, mais uniquement des faits, une histoire ainsi que des connaissances. Depuis tout petit, nous apprenons tant de choses sur notre existence, notre passé, et les actions qui sont « bonnes », à défaut d'être « normales ». Tout le sujet de ce Jeu est en fait nos réactions face à cette normalité. Puisque la nature elle-même a voulu que nous soyons tous égaux, ou plutôt devrais-je dire, humains, chacun de nous a donc la possibilité d'être la personne qu'il souhaite. Et si certaines de ces « personnes » existent, c'est bien que nous puissions tous devenir l'une d'entre elles. Aucune barrière n'est aussi grande que celle que nous nous soumettons à nous-même à chaque étape de notre vie. Et vivre n'est qu'avancer. Si nous cédons aux obstacles, nous nous perdons alors dans un monde qui ne nous ressemble pas. Ce monde, c'est celui que l'on partage ensemble. Le monde qui nous ressemble, c'est celui que l'on se crée, à l'intérieur même du monde que l'on partage ensemble, et qui devient ainsi le monde qui nous rassemble. La faculté que nous avons à tout remettre en question est un point central de notre évolution sur Terre. Car si notre monde ne nous plaît pas, nous pouvons le changer. Cela peut durer plusieurs années, voire des décennies, mais c'est ce qui nous a permis d'apprendre toujours plus, de grandir toujours plus. Au niveau d'un humain, la seule chose que nous pouvons changer, c'est notre vie. Et par chance, c'est cela que le Jeu vous permet d'améliorer.

Aborder le sujet de la Société reste en soi un parcours rempli d'obstacles. Des obstacles qui s'ajoutent à chaque fois que l'on creuse un peu plus profondément dans les tréfonds de nos habitudes, de nos cultures, ainsi que de notre génétique. Nous sommes sans équivoque tous liés de manière indéniable. Lorsque l'on s'adresse à quelqu'un, on s'adresse à l'ensemble de notre monde, on s'adresse à nous-même. S'il y a bien une chose que tout le monde recherche, c'est bien le sens. Où peut donc bien se trouver le sens de tout ça ? Chacun trouve sa réponse, une réponse qui peut être dictée, apprise, recherchée, et trouvée. De toute évidence, nous sommes en désaccord sur la réponse. Pourquoi ? Parce qu'il n'y en a aucune. Le monde n'a strictement aucun sens, et nous sommes ici sur Terre sans savoir pourquoi. L'espace est vide, sombre, et seulement quelques pierres ici et là. On se trouve actuellement sur l'une d'entre elles. Voilà ce que l'on appelle de la grande relativité. En effet, dans l'Univers, il n'y a aucune règle, aucune loi, aucun état. Ce qui nous est si familier, presque intrinsèque, n'est qu'illusion, qu'imagination. Je veux dire par là que nous en sommes tous au même point, la même ligne, la même virgule. Ce que nous désirons, c'est ce que chacun désire. La seule chose qui nous différencie, c'est notre éducation, notre culture, ainsi que nos valeurs, qu'on les partage ou pas. Être en société, faire partie d'une même société, c'est avant tout se confronter aux différences. Et les plus grandes d'entre elles sont les différences sociales et économiques. Toute l'histoire de nos civilisations. On peut réduire cela au système de « classes ». Qu'elles soient codées ou non, visibles ou non, acceptées ou non. Les classes sont le fœtus des sociétés actuelles. Si je veux m'adresser à quelqu'un, je ne dois jamais oublier de quelle « classe » il fait partie. Et dire qu'il n'y plus d'écoles dans le monde adulte, personnellement j'en doute. Le système actuel est tel qu'il est, peu importe ce que l'on en pense. Je ne vous demanderai jamais de l'accepter, mais bien d'accepter le fait que l'on puisse évoluer dans ce monde « scolaire ». Nous pouvons en effet monter de classe, ou en descendre. Tout dépend de ce que l'on souhaite. Tout l'objectif de la maturité est de changer de classe. Passer à la classe supérieure, celle qui ne nous est pas enseignée dans le système scolaire.

Au travers de ces différentes étapes de la vie, nous pouvons retracer le parcours de l'ensemble d'entre nous. Celui que chacun de nous peut emprunter afin de parvenir à être la personne que nous avons toujours voulu être. Ces étapes sont en quelque sorte les clés de votre propre réussite. Si vous voulez pouvoir devenir la personne que vous êtes réellement au fond de vous, alors vous passerez inévitablement par ces étapes, que vous en ayez conscience ou non. Le plus important étant toujours de rester concentré sur ses propres objectifs. Afin de ne pas les perdre de vue, vous pouvez vous les

CONCLUSION

remémorer chaque jour de votre vie, car chacun d'eux vous mènera à réaliser ce pourquoi vous êtes ici sur Terre. Nous apprenons à compter, à lire, à écrire, à réfléchir par nous-même, mais alors pourquoi donc n'apprenons-nous pas à gérer notre vie le jour où nous serons tout à coup livrés à nous-mêmes ? Comment se comporter au travail ? Comment gérer nos rentrées d'argent ? Comment gérer nos dépenses jusqu'aux prochaines rentrées d'argent ? Car qu'on le veuille ou non, la vie capitaliste tourne autour de l'argent. Et la seule question que chacun se pose un jour ou l'autre est : « Comment vais-je bien faire pour gagner plus d'argent ? ». La voilà la véritable vie de l'humain de nos jours. Tout commence toujours avec une question, et en finira forcément par une autre. De « Comment ? », à « Pourquoi ? », les humains sont ainsi faits. Nous tentons de répondre à la première, et nous ne répondrons jamais à la seconde. Nous pouvons ainsi nous former à gérer convenablement notre propre argent, puis à le faire fructifier par bien des moyens liés aux différentes techniques d'investissement. Comment ? Nous pouvons le savoir, en apprenant, en comprenant, puis en transmettant. Pourquoi ? Je ne sais pourquoi le monde est ainsi fait, pourquoi nous en sommes ici aujourd'hui, et pourquoi nous devons utiliser ces techniques pour devenir libres. En revanche, je sais comment nous pouvons devenir libres financièrement, et intellectuellement. Ce livre est un avant-goût de tout ce champ des possibles lié aux techniques de tout investisseur dans notre monde capitaliste. Vous pouvez donc nier ces vérités, ou bien tenter d'en apprendre encore plus, et de passer la barre des 90% afin de rejoindre « l'élite » des 10% d'entre nous.

Si chaque jour est un jour de plus pour avancer dans la bonne direction, chaque seconde pourrait être d'autant plus importante si vous pouviez profiter d'un travail vous correspondant pleinement et vous permettant ainsi de faire avancer d'autant plus notre Société. Le paradoxe de la Société est dû à son fonctionnement. Car si l'objectif de toute société est de prospérer, celle-ci aura par conséquent besoin d'individus au maximum de leurs performances personnelles. Or, pour que ceux-ci soient à leur maximum, ils auront besoin d'être amplement motivés par ce qu'ils font ; ce qui n'est actuellement pas le cas de la majorité d'entre nous. Le bien-être ainsi que la performance d'une société sont directement liés au bien-être et à la performance de chacun des individus qui la compose. Si nous pouvons avoir un travail correspondant à nos passions profondes, alors nous serions inévitablement de biens meilleurs citoyens pour une société plus performante (ou productive dans une vision capitaliste des choses). Travail ne devrait pas toujours être accolé à « effort » ou bien « difficulté ». Nous ne sentons en effet pas l'effort ou la difficulté lorsque nous exerçons nous-même une passion. L'unique défaut étant que nous ne sommes pas encore dans une société idéale, du moins pour l'instant. Le travail étant rarement synonyme de passion, il est inconcevable pour l'ensemble d'entre nous de considérer les choses de cette manière. La liberté devrait en être autrement. Nous devrions pouvoir profiter de notre vie, et travailler avec plaisir pour une vie bien meilleure et reposante, plutôt que de vivre pour travailler jusqu'à la fin de nos « souffrances ». Là je ne fais pas référence aux dirigeants d'entreprises ou bien aux « cadres » gagnant souvent beaucoup d'argent mais sans oublier toute la quantité d'efforts fournis pour y arriver. Le vrai gagnant dans une société (là je fais référence aux entreprises), ce n'est pas celui qui la dirige, mais bien ceux qui dirigent celui qui la dirige (et là je fais référence aux actionnaires). Un actionnaire n'a pas à fournir d'efforts, il n'est pas confronté aux difficultés ; il récolte simplement l'argent, les dividendes de l'entreprise qu'il possède, du moins en partie. Si nous pouvions avoir suffisamment d'actions pour couvrir un revenu, alors nous pourrions exercer notre passion, plutôt qu'un simple travail par défaut.

L'autre solution, comme j'ai pu en parler précédemment, serait d'obtenir des rentes liées à de l'investissement locatif. Ce second procédé, à la portée de beaucoup plus de monde, est souvent celui qu'utilisent en premier lieu ceux qui veulent passer dans la tranche des 10%. Investir dans l'immobilier demande à la fois beaucoup moins de capital, voire aucun, et garanti des rentrées d'argent constantes, en plus de contribuer à l'élargissement ou la création d'un patrimoine immobilier. De nombreux livres ont été écrit concernant les méthodes à appliquer afin de débuter dans l'univers incroyable de l'investissement immobilier. Ces méthodes, dont je m'abstiendrais de parler dans ce livre pour la simple et bonne raison qu'elles n'en sont pas le sujet premier, peuvent vous être d'une utilité sans équivoque, limpides. C'est pourquoi toujours plus de monde s'enrichit d'année en année, les connaissances ayant été débloquées, popularisées à propos de ces techniques d'investissement. Et même si cela paraît faible à l'échelle d'un pays, ou du monde, lorsque vous prenez part à cet univers d'investisseurs, vous vous rendez compte que vous êtes loin d'être isolé dans cette aventure. Des hommes, des femmes, des couples, et même de jeunes étudiants rejoignent la sphère des investisseurs chaque année dans le seul but d'améliorer leurs conditions de vie, de pouvoir enfin « vivre leurs rêves », plutôt que de rêver leur vie. Ce choix sera forcément difficile, mais comme tout choix, cela deviendra votre propre décision. A vous d'en faire ce que vous voudrez. Après tout, ce ne sont que 10% de la population, une seule personne sur dix, et ce nombre reste constant peu importe les changements qui surviennent dans la Société. Dans « capitalisme », il y a « capital », et ce sont avant tout ceux qui en possèdent le plus qui profiteront du système, au détriment de ceux qui n'en ont pas.

Afin de clore parfaitement ce livre, j'aimerais revenir sur la notion de transmission. Que nous en ayons conscience ou non, nous sommes en permanence en train de transmettre des messages à ceux qui nous entourent. Et ceux-ci les reçoivent également la plupart du temps sans en avoir conscience. Ces messages ? Tout simplement ce que nous sommes, ce que nous faisons, comment nous agissons, à chaque moment de notre vie. Transmettre n'est pas uniquement un procédé qui consiste en la formation d'un ou plusieurs autres individus à l'aide de nos connaissances personnelles. C'est également faire part de ce que l'on est, de nos émotions, liées aux instants ainsi qu'aux décisions que nous prenons. Ces décisions, ces ressentis, les personnes qui nous entourent les ressentent également. Sans s'en rendre compte, ces personnes accumulent ces données, s'en imprègnent. De là se forme alors des idées, des caractères, des instincts envers telle ou telle personne, représentant telle ou telle idée pour chacun de nous. Ce que nous choisissons d'être n'est pas anodin. Il ne

CONCLUSION

suffit pas de dire pour transmettre, il faut « montrer l'exemple ». Il faut « être ». La transmission fonctionne aussi, et souvent en majeure partie, par l'état d'esprit, ce que nous dégageons autour de nous. Si nous souhaitons alors transmettre telle ou telle idée, concept, solution, nous devons à la fois tenir un discours cohérent, mais en plus être intègre envers ce discours. Le discours que nous voulons transmettre doit avant tout nous représenter. C'est pour cela que les meilleurs mentors ou coaches sont ceux qui sont avant tout des professionnels en la matière. Et il ne peut en être autrement. Ainsi, après avoir acquis de nouvelles compétences, après avoir pu expérimenter ce que nous voulions devenir, la transmission de nos connaissances, et particulièrement celles concernant la liberté, sera quasiment une évidence tellement nous en serons nous-mêmes devenus maîtres en la matière.